Florian Lüchinger

Grundlagen und Geschäftsmodelle von Multimedia Messaging Services (MMS)

GRIN Verlag

Bibliografische Information der Deutschen Nationalbibliothek:

Die Deutsche Bibliothek verzeichnet diese Publikation in der Deutschen National-
bibliografie; detaillierte bibliografische Daten sind im Internet über http://dnb.d-
nb.de/ abrufbar.

Impressum:

Copyright © 2002 GRIN Verlag GmbH
Druck und Bindung: Books on Demand GmbH, Norderstedt Germany
ISBN: 978-3-638-73557-5

Dieses Buch bei GRIN:

http://www.grin.com/de/e-book/9353/grundlagen-und-geschaeftsmodelle-von-
multimedia-messaging-services-mms

GRIN - Your knowledge has value

Der GRIN Verlag publiziert seit 1998 wissenschaftliche Arbeiten von Studenten, Hochschullehrern und anderen Akademikern als eBook und gedrucktes Buch. Die Verlagswebsite www.grin.com ist die ideale Plattform zur Veröffentlichung von Hausarbeiten, Abschlussarbeiten, wissenschaftlichen Aufsätzen, Dissertationen und Fachbüchern.

Besuchen Sie uns im Internet:

http://www.grin.com/

http://www.facebook.com/grincom

http://www.twitter.com/grin_com

Grundlagen und Geschäftsmodelle von Multimedia Messaging Services (MMS)

Als Proseminararbeit

an der

Wirtschafts- und Sozialwissenschaftlichen Fakultät

der Universität Bern

Institut für Wirtschaftsinformatik

von

Florian Lüchinger von Oberriet (SG)

im 7. Semester

"MMS ist eine Schlüssel-Anwendung. Sie wird der mobilen Nachrichtenübertragung ein immenses Wachstum bescheren und die Umsätze der Mobilfunkbetreiber auch auf lange Zeit sichern".

(Ben Wood, Analyst des Gartner Forschungsinstitutes in London)

Vorwort

Inspirierend für die vorliegende Arbeit wirkte in erster Linie meine Begeisterung für die vielfältigen Anwendungsgebiete der Mobilkommunikation. So faszinierten mich seit jeher mobile Kommunikationsgeräte und deren Applikationen. Mit der Entwicklung von Multimedia Messaging Services (MMS) ergibt sich die Möglichkeit, die Anwendungsgebiete der Mobilkommunikation enorm zu vergrössern.

Von einem Wachstum der mobilen Nachrichtenübertragung durch MMS ist auch Ben Wood, Analyst des berühmten Gartner Forschungsinstitutes in London, überzeugt.

Dazu kommt die aktuelle Studie des Basler Beratungs- und Forschungsinstitutes Prognos AG, welche vor allem den Dienstleistungen übers Mobilfunknetz, insbesondere den Spielen, eine interessante Zukunft voraussagt.[1]

Bern, Ende November 2002   Florian Lüchinger

---

[1] Vgl. Prognos AG (2002).

Inhaltsverzeichnis

1. Einleitung

1.1 Ausgangslage

Wird die Entwicklung der mobilen Datendienste betrachtet, so kann festgestellt werden, dass eine Evolution von Text zu Multimedia stattfindet. Diese Transformation ist durch die drei Schritte Short Message Service (SMS) – Enhanced Messaging Service (EMS) – Multimedia Messaging Service (MMS) gekennzeichnet und wird in folgendem Zitat auf den Punkt gebracht: „Over time, the nature and form of mobile communication is getting less textual and more visual."[2] Die geschätzten Umsätze, die bis etwa 2006 mit mobilen Applikationen gemacht werden sollen, variieren zwischen 7.8 und 27.4 Milliarden Euro (mit einem erwarteten Durchschnittswert von 18.9 Milliarden Euro).[3]

1.2 Vorgehen

Die vorliegende Arbeit ist in drei Kapitel gegliedert. Im 1. Kapitel werden einleitende Erklärungen dargelegt. Im 2. Kapitel werden die theoretischen Grundlagen und mögliche Geschäftsmodelle von MMS erklärt. Im ersten Abschnitt wird auf Abgrenzungen und Definitionen von SMS, EMS und MMS eingegangen. Darauf werden im zweiten Abschnitt die Inhalte von MMS-Applikationen, die Funktionsweise, der Aufbau, die Übertragung und die Geräte (Devices) erläutert. Im dritten Abschnitt des 2. Kapitels wird die Definition von Geschäftsmodellen mit den drei Hauptbereichen Value Proposition, Stufen der Wertschöpfung und mögliche Ertragsmodelle betrachtet. Anschliessend wird eine Übersicht zu möglichen Nutzenpotentialen gegeben. In einem letzten Schritt soll anhand der Definition der Geschäftsmodelle eine Anwendung auf ein konkretes Geschäftsmodell durchgeführt werden. Das 3. und letzte Kapitel enthält noch eine kurze Zusammenfassung und einen Ausblick.

---

[2] Mobile Streams Ltd. (2001), S. 4.

[3] Vgl. Europäsiche Gemeinschaften (2002), S. 6.

2 Grundlagen und Geschäftsmodelle von MMS

2.1 Abgrenzungen, Definitionen

2.1.1 Short Message Service (SMS)

Der SMS-Dienst bietet die Möglichkeit, Textmitteilungen über Mobiltelefone zu senden und zu empfangen.[4] Der Text kann entweder aus Wörtern, Zahlen oder Sonderzeichen bestehen. Wird das lateinische Alphabet verwendet, besteht die maximale Länge einer Kurzmitteilung aus 160 Zeichen. Bei allen anderen Sprachen (z. B. Arabisch oder Chinesisch) beträgt die Länge einer Kurzmitteilung 70 Zeichen.

Anwendungen aus Sicht der Konsumenten, die den SMS-Dienst verwenden, werden im Folgenden kurz beschrieben.[5] Eine einfache Textmitteilung von Person zu Person, eine Benachrichtigung infolge einer Sprachmitteilung oder eines Faxeingangs oder der Hinweis auf einen Email-Eingang sind mögliche Konsumenten-Anwendungen. Erfolgreich sind auch die sogenannten Information Services – vor allem im Bereich Mainstream Content (sog. „Masseninhalte") – die sich zum Beispiel auf die Übermittlung von Informationen zum Thema Reisen, Wetter und Sport beziehen. Auch Aktienkurse, Fluginformationen, Lottozahlen, Horoskope und Witze sind gefragte Masseninhalte.

Solche Information Services können entweder nach dem push- oder pull-Prinzip übermittelt werden. Beim push-Prinzip bekommt der Konsument Nachrichten unangefordert zugeschickt. Hingegen nach dem pull-Prinzip fragt der Konsument Informationen aktiv nach und bekommt darauf eine Antwort. Damit dieser Dienst erfolgreich sein kann, sollte er einfach nutzbar, personalisierbar, lokal verwendbar und zeitlich abgestimmt sein. Stark nachgefragte Anwendungen sind z. B. auch der Download von Klingeltönen und Logos. Offenbar besteht unter den Anwendern ein grosses Bedürfnis, das eigene Mobiltelefon zu individualisieren.[6]

---

[4] Vgl. zum Folgenden Buckingham (2001), S. 13.

[5] Vgl. zum Folgenden Buckingham (2001), S. 17f.

[6] Vgl. Buckingham (2001), S.19.

Der mobile Chat (mit Chat ist eine Art informelle Konversation[7], resp. plaudern gemeint) via SMS ist eine weitere Konsumenten-Anwendung, die vor allem unter den Jugendlichen weit verbreitet und ziemlich beliebt ist. Vergleichbar mit internetbasierten Chat-Systemen Dabei handelt es sich beim Chat nicht um eine Art von obgenannten Information Services, sondern es geht vor allem darum, Meinungen zwischen Personen auszutauschen. Hier stellt sich einzig die Frage, ob die Chat-Teilnehmenden bereit sind, jedesmal für eine gesendete Nachricht zu bezahlen. Interessant bei der Chat-Applikation ist auf jeden Fall der dahinterstehende Multiplikator-Charakter von Mitteilungen bei mehreren Beteiligten.

Was heute sozusagen in der Testphase steckt, sind SMS-Ticketing-Applikationen z. B. im Rahmen des europäischen Projektes Telepay, bei dem Verkehrsbetriebe den Einsatz des Handys als Fahrausweisträger testen. So können z. B. die Käufer von Einzelfahrscheinen und Tageskarten der Städtischen Verkehrsbetriebe in Berlin während einer bestimmten Testphase Ihren Fahrausweis am Automaten per SMS beantragen. Eine weitere SMS, die der Verkehrsverbund dann auf das Handy des Käufers schickt, dient als Ausweis. Belastet werden die Kosten des Fahrscheines auf der Mobiltelefonabrechnung.

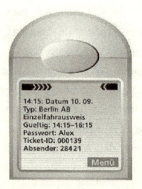

Abbildung 1: Fahrschein via SMS.

---

[7] Vgl. Collins College Dictionary (1995).

Abgesehen von Konsumenten-Applikationen gibt es natürlich auch Firmen-Anwendungen, welche auf Basis von SMS funktionieren.[8] Der Anteil dieser Anwendungen am SMS-Gesamtvolumen ist aber heute noch weitaus geringer als derjenige der Business to Consumer (B2C) – Anwendungen. Die Benachrichtigung von Geschäfts-Emails, eine Arbeitsverteilung an Mitarbeiter, mobile Authorisation von Kreditkarten in Gebieten ohne Festnetz-Anschlüssse und die Fernüberwachung von und Kommunikation zwischen Maschinen, sind Beispiele für Anwendungen im Bereich Business to Business (B2B).

2.1.2 Enhanced Messaging Service (EMS)

Mit EMS kann eine Kombination von kurzen Melodien, einfachen Bildern, Liedern, Animationen und Text als integrierte Mitteilung an EMS-fähige Endgeräte versendet werden. Die technische Funktionsweise von EMS ist derjenigen von SMS sehr ähnlich und bedingt bezüglich Übertragungs-Infrastruktur keine neue oder andersartige Technologie. EMS ist eine Art Vorstufe von MMS.

Aus Gründen des Umfangs wird in dieser Arbeit bei den weiteren Ausführungen auf eine detaillierte Analyse von EMS verzichtet. Als die zwei Hauptgebiete gelten SMS und vor allem MMS.

2.1.3 Multimedia Messaging Service (MMS)

Der Multimedia Messaging Service (MMS) ist die Weiterentwicklung des SMS, resp. EMS-Dienstes. Hinsichtlich des Funktionsumfangs geht MMS jedoch erheblich über die Leistungsmerkmale seines Vorgängers hinaus. In diesem Zusammenhang soll aufgezeigt werden, was Multimedia denn eigentlich bedeutet. Multimedia ist offensichtlich eine Zusammensetzung der Wörter „multi" und „media". Multi heisst soviel wie mehrere und mit media sind verschiedene Medien gemeint. Ähnlich lautet auch die folgende Definition: „...aufeinander abgestimmte Verwendung verschiedener Medien, Medienverbund."[9] In der Computertechnik, resp. Informatik bedeutet der

---

[8] Vgl. zum Folgenden auch Buckingham (2001), S.21.

[9] Vgl. zum Folgenden Brockhaus (2002).

Begriff das „Zusammenwirken verschiedener Medientypen (Texte, Bilder, Grafiken, Töne, Filme, Animationen) in einem Multimedia-System, in dem Informationen empfangen, gespeichert, präsentiert und verarbeitet werden können."

MMS ist ein standardisierter Messaging-Dienst für den Versand von Mitteilungen zwischen Personen sowie zwischen Anwendungen und Personen. Multimedia-Inhalte, die wie bereits erwähnt aus Kombinationen von Texten, Audio-Dateien, Grafiken, Bildern, Animationen und Videos bestehen, können dabei sowohl zwischen Endgeräten als auch zwischen Endgeräten und Content-Servern ausgetauscht werden. MMS richtet sich u.a. an die derzeitige Zielgruppe der häufigen SMS-Anwender, da diese mit der Technologie vertraut sind und eher einer jüngeren, experimentierfreudigen Zielgruppe angehören. Aufgrund des geänderten Betriebssystems der MMS-fähigen Endgeräte könnten sich aber auch andere oder gar neue Zielgruppen angesprochen fühlen.

2.1.4 Übersicht SMS-EMS-MMS

Typ	Charakteristik	Anwendungen	Einsatz	Verfügbarkeit
Textmitteilungen (SMS)	100-200 Zeichen	Einfache Personen-Personen-Kommunikation	Alle Mobiltelefone	Ab 1990
Bildmitteilungen	Einfache, rudimentäre Bilder	Einfache Personen-Personen-Kommunikation mit visuellen Erweiterungen	Nur einzelne Netzwerke und Nokia-Mobiltelefone	2000-2001
Erweiterte Mitteilungen (EMS)	Textmitteilungen plus Lieder, Animation, Bilder etc.	Einfache Personen-Personen-Kommunikation mit visuellen Erweiterungen	Erwartung, dass EMS-Standards weit verbreitet sind	Ab 2001
Multimedia Mitteilungen (MMS)	Mitteilungen in mehreren Medienformaten wie Video, Audio plus Text	Einfache Personen-Personen-Kommunikation mit visuellen Erweiterungen	Erwartung, dass MMS-Standards weit verbreitet sind	Ab 2002

Tabelle 1: Evolution von Text zu Multimedia.[10]

---

[10] Vgl. Mobile Streams Ltd. (2001), S. 4.

2.2 Grundlagen

2.2.1 Inhalte

MMS-Inhalte und Anwendungen können aus geschäftlichen und privaten sowie aus mobilen und internetbezogenen Quellen stammen. Entweder werden Inhalte direkt aus der Hand des Absenders versendet oder es wird beim Versand auf Archivmaterial zurückgegriffen, wie das zum Beispiel bei Grusskarten aus dem Internet der Fall ist. Content-Server, User Database oder Message Store[11] von Netzbetreibern (Swisscom, Sunrise, Orange) oder auch von Endgeräteherstellern (SonyEricsson, Nokia, Motorola, Siemens Mobile, Samsung etc.) sind mögliche Anbieter von solchen Inhalten. Hier zeigt sich, wie eng Netzbetreiber und Endgerätehersteller verknüpft, resp. aufeinander angewiesen sind. Enge Wechselbeziehungen ergeben sich dadurch, dass die Netzbetreiber einerseits direkt mit den Bedürfnissen der Kunden konfrontiert werden und andererseits bei technischen Neuerungen an die Vorgaben oder an die Zusammenarbeit mit den Endgeräteherstellern gebunden sind. Will ein Netzbetreiber eine sogenannte Killer Applikation (mit grossem Durchdringungspotential) auf der Basis einer noch nicht bestehenden technischen Eigenschaft eines Mobiltelefons anbieten, muss dies zuerst der Hersteller implementieren und verbreiten.

2.2.2 Funktionsweise und Aufbau

MMS ist eine Weiterentwicklung der SMS-Technologie. Bei der Übertragung von MMS wird nicht wie bei SMS ein separater Signalkanal benutzt, sondern MMS wird über den normalen Daten- und Sprachkanal übertragen.[12] Als Zugang zum Multimedia Messaging Service Environment (MMSE) werden die beiden Standard Internet Protokolle Multipurpose Internet Mail Extension (MIME) und Simple Message Transfer Protocol (SMTP) verwendet. Während bei SMS mehrere SMS-Center aber nur eine Art von Plattform möglich ist, gibt es bei MMS innerhalb von MMSE mehrere Plattformen. Dazu zählen MMS Relay, MMS Server, MMS Store, MMS User Agent, MMS User

---

[11] Siehe auch Abschnitt 2.2.2.

[12] Vgl. zum Folgenden Mobile Streams Ltd. (2001), S.17f.

Database und andere Plattformen.[13] Diese MMS-Schlüsselelemente wurden vom 1998 gegründeten 3rd Generation Partnership Project (3GPP) definiert und gelten als Voraussetzung für eine MMSE-Umgebung. 3GPP ist ein Zusammenschluss von diversen Standards aus der Telekommunikationsbranche zwecks Vereinheitlichung technischer Spezifikationen.[14]

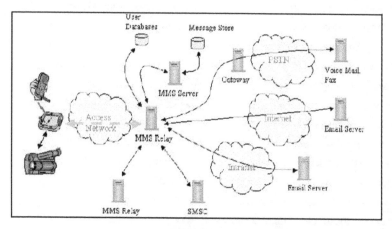

Abbildung 2: Übersicht zu MMSE.[15]

Als die zwei wichtigsten Bestandteile von MMSE gelten MMS Relay und MMS Server. MMS Relay ist als sog. Herz von MMSE in erster Linie für den Transfer von Mitteilungen zwischen verschiedenen Mitteilungssystemen verantwortlich. Zudem wird MMS Relay eingesetzt für die Formatierung von Multimedia Nachrichten, die Interaktion und die Zusammenarbeit zwischen verschiedenen Plattformen und Servern. Der MMS Server ist für die Speicherung und die Handhabung von ankommenden und abgehenden Nachrichten verantwortlich. Sowohl MMS Relay und MMS Server können auf weitere Plattformen wie User Databases oder Message Stores zugreifen.

---

[13] Siehe Abbildung 2 : Übersicht zu MMSE.

[14] Vgl. ETSI Mobile Competence Centre (2002).

[15] Vgl. Logica Mobile Networks (2000).

Damit ergibt sich folgender Ablauf: Versendet jemand eine MMS-Mitteilung, gelangt diese über das Access Network zum MMS Relay.[16] Darauf erhält der Sender eine Bestätigung, dass die Mitteilung versendet wurde. Der Empfänger wird nun umgehend vom Eintreffen dieser neuen Mitteilung benachrichtigt. Falls er ein MMS-kompatibles Gerät hat, kann er sich entscheiden, ob er die Mitteilung sofort oder erst später herunterladen will. Sobald die Nachricht erfolgreich heruntergeladen wurde, erhält der Empfänger die Anzeige „Nachricht erhalten" und der Sender wiederum bekommt die Mitteilung „Nachricht geliefert". Wenn der Empfänger jedoch kein MMS-taugliches Mobiltelefon hat, wandelt die Applikation das Foto allenfalls in eine SMS-Bildmitteilung um, oder der Empfänger wird via SMS benachrichtigt, dass er unter einem bestimmten Link im Internet die MMS-Mitteilung einsehen kann.

2.2.3 Übertragung

Mittels der bereits bestehenden General Packet Radio System (GPRS)-Technologie können MMS-Nachrichten mit einer Grösse von ca. 40 bis 50 kB je Nachricht verschickt werden. Im Gegensatz zum GSM-Netz mit einer Übertragungsrate von 9.6 KB/s (nur Leistungsvermittlung) bietet die GPRS-Technologie dank der Paketvermittlung eine wesentlich höhere Datenübertragungsrate bis zu 115 KB/s. Abgerechnet wird über Pauschaltarife (z. B. monatlich) und volumensabhängige Gebühren (z. B. Anzahl Megabyte). Mit der Einführung der volumenabhängigen Gebührenabrechnung soll die Verwendung von MMS vor allem auch Pre-Paid-Kunden (die einen Großteil der Umsätze ausmachen) schmackhaft gemacht werden.[17]

Vorteile dank GPRS ergeben sich in erster Linie durch die höhere Übertragungsrate, die erhöhte Verfügbarkeit des Netzes und durch die Internet-Kompatibilität. Damit kann z. B. umfangreicher Text, inklusive ein bis zwei kleine (animierte) Bilder im JPEG- oder GIF-Format und eine kurze Tonsequenz versendet werden. Zu einem späteren Zeitpunkt (z. T. in der

---

[16] Vgl. zum Folgenden auch MobileMMS.com (2002), S. 5.

[17] Vgl. Knallgrau New Media Solutions GmbH (2002).

Schweiz Ende 2002, Anfangs 2003, sofern die entsprechenden Geräte vorhanden sind) wird das Grössenlimit mit dem Übertragungsstandard Universal Mobile Telephone System (UMTS) noch deutlich erweitert. Mit Übertragungsraten von ortsweise bis zu 2 MB/s wird unter anderem der Versand von kleineren Videosequenzen (anfangs schwarz-weiß, später in Farbe), von mp3-Liedern und weiteren Inhalten umfangreicher Datenmengen ermöglicht.

2.2.4 Geräte (Devices)

Als Sende- und Empfangsdevices von SMS und EMS genügen GSM-fähige Mobiltelefone. Der Versand von MMS ist jedoch nur über die Paketvermittlung via GPRS (oder später UMTS) möglich. Ein MMS-fähiges Endgerät sollte also die entsprechende Übertragungstechnologie unterstützen und über ein farbiges Display verfügen. Zudem muss auch die Software diverse neue Features unterstützen.[18]

Laut dem Marktforschungsunternehmen IHA-GfK in Hergiswil, lag der Anteil der Verkäufe von GPRS-Mobiltelefonen im April 2002 bei 28% und bei MMS-kompatiblen Mobiltelefonen im August 2002 bei rund 6%.[19] Diese relativ geringe Durchdringung bei den monatlich rund 120'000 bis 130'000 abgesetzten Geräten ist vor allem direkt auf die Verzögerung der Auslieferung von derartigen Mobiltelefonen und indirekt auf die Verzögerung des Netzaufbaus der 3.Generation zurückzuführen. MMS-fähige Mobiltelefone könnten sich jedoch aufgrund folgender Gründe relativ rasch verbreiten: Einerseits wegen den durchschnittlich alle zwei bis drei Jahre stattfindenden Ersatzkäufen von Mobiltelefonen und andererseits wegen der mittlerweile hohen Durchdringung von Mobiltelefonen in der Schweiz. Ende 2001 lag die Penetration bei rund 73% der Bevölkerung.[20]

Eines der ersten MMS-kompatiblen Farbdisplay-Mobiltelefone mit externer „CommuniCam" (ansteckbare Digitalkamera) war das Modell T68i von SonyEricsson, welches anfangs Sommer 2002 auf den Markt gebracht

---

[18] Vgl. Teltarif.de Onlineverlag GmbH (2002).

[19] Vgl. IHA-GfK AG (2002).

[20] Vgl. Eidgenössische Kommunikationskommission (2001), S. 30.

wurde. Im Herbst desselben Jahres folgte Nokia mit dem Modell 7650, bei welchem zum ersten Mal eine Digitalkamera eingebaut wurde. Zudem brachte auch Samsung ein Mobiltelefon mit Farbdisplay auf den Markt (Modell SGH-T100), jedoch kann dieses weder MMS empfangen noch versenden.

Abbildung 3: SonyEricsson T68i.   Abbildung 4: Nokia 7650.

Nokia und SonyEricsson sind diejenigen Firmen, die bereits weiterentwickelte Modelle (zumindest als Prototypen) angekündigt haben. Das Modell 3650 von Nokia soll zum Beispiel nicht nur Standbilder, sondern auch 15-sekündige Videoclips in einem an Mobiltelefonen angepassten MPEG-4-Format verschicken können.[21]

Als weitere Devices zum Versand und Empfang von SMS, EMS und MMS könnnen auch Personal Digital Assistants (PDA) mit eingebautem Mobiltelefon oder Notebooks mit PCMCIA-Netzkarten benutzt werden.

---

[21] Vgl. Nokia (Schweiz) AG (2002).

2.3 Geschäftsmodelle

2.3.1 Definition

Timmers definiert ein Geschäftsmodell wie folgt: „an architecture for the product, service and information flow, including a description of various business actors and their roles; and a description of the potential benefits for the various business actors; and a decription of the sources of revenues.[22] Stähler nimmt diese Definition des Geschäftsmodells auf und unterteilt es in die folgenden drei Hauptkomponenten: Value Proposition, Architektur der Wertschöpfung und Ertragsmodell.[23]

Der Teil des Value Proposition enthält eine Beschreibung, welchen Nutzen der Kunde aus dem vom Unternehmen angebotenen Produkt oder Dienstleistung ziehen kann. Denkbar sind z. B. nutzenstiftende Informationen im MMS-Format, Informationsvorteile durch den privaten Versand von MMS oder Personalisierungsmöglichkeiten des Mobiltelefons durch den Download von polyphonen Klingeltönen, farbigen Fotos und farbigen, animierten Logos. Bei den sog. Information Services können dies z. B. Entscheidungs-, Erklärungs- und Verständnishilfen sein.

Bei der Architektur der Wertschöpfung geht es darum, wie der Nutzen für die Kunden generiert wird. Dazu gehört eine Beschreibung der verschiedenen Stufen der Wertschöpfung und der diversen wirtschaftlichen Agenten und ihrer Rollen in der Wertschöpfung. Hier zeigt sich, durch welche Zusammensetzung, resp. Konfiguration der Wertschöpfungskette der Benutzer konkrete Nutzenvorteile dank den mobilen Applikationen erhält. Mögliche Aspekte sind z. B. die Auswahl, Herstellung, Aufbereitung und der Versand von Information Services. Aber auch die Auswahl und die Entwicklung von für den privaten Versand geeigneten MMS-Applikationen, gehören zu diesem Teil des Geschäftsmodells.

Zuletzt soll mit dem Ertragsmodell noch aufgezeigt werden, wodurch denn eigentlich Geld verdient wird, resp. wie der Billing-Ablauf funktioniert. Neben der Effektivität (siehe Value Proposition) und der Effizienz (siehe Stufen der

---

[22] Timmers (1998), S. 4.

[23] Vgl. zum Folgenden Stähler (2001), S. 41f.

Wertschöpfung) kommt eine dritte Dimension dazu, nämlich welche Einnahmen aus welchen Quellen für die Anbieter von mobilen Applikationen generiert werden können. Dabei ist anzumerken, dass in erster Linie die zukünftigen Einnahmen über den Wert des Geschäftsmodells und damit über die Nachhaltigkeit entscheiden werden.

Funktioniert ein Dienst nach dem pull-Prinzip, wird dem Abfrager der Information ein bestimmter Betrag auf der Mobiltelefonabrechnung belastet. Diese Form der Abrechnung wird Microbilling genannt, da es sich unter anderem um eher kleinere Beträge (CHF 0.20 bis etwa 2.00) handelt. Nach dem push-Prinzip (z. B. bei einem Location Based Service genannt LBS) sollte der Empfänger bei Abfrage von allfälligen weiteren Informationen in jedem Fall über die Kosten der Abfrage informiert werden.

Die Definition des Geschäftsmodells wird in der vorliegenden Arbeit zur Beschreibung und Analyse von einzelnen oder zusammengefassten mobilen Anwendungen verwendet. Dabei richtet sich aus Gründen des Umfangs der Fokus in erster Linie auf Anwendungen im Bereich B2C.

2.3.2 Übersicht von möglichen Nutzenpotentialen

Eine bespielhafte und nicht erschöpfende Zusammenstellung von möglichen Nutzenpotentialen basierend auf MMS, gliedert sich in die Bereiche Versand von persönlichen MMS-Mitteilungen, Information Services, Downloads von Klingeltönen, Logos und Games und Unterhaltung für Erwachsene. Dabei bauen vom Prinzip her die Bereiche Information Services, das Herunterladen von Klingeltönen, Logos und Games und die Unterhaltung für Erwachsene teilweise auf bereits bestehenden SMS-Applikationen auf. Der Bereich persönliche MMS-Mitteilungen beinhaltet jedoch hauptsächlich neu entwickelte Applikationen.

2.3.2.1 Versand von persönlichen MMS

Seit Juli 2002 wird von Swisscom Mobile in der Schweiz der Versand von persönlichen MMS-Mitteilungen mittels MMS-fähigen Mobiltelefonen beworben (siehe TV, Zeitschriften, Zeitungen, Plakate). Eine mögliche Anwendung, die dabei erwähnt wird, ist der Versand von Bildern, ergänzt mit einer kurzen Tondatei. Aber auch der Versand von längeren Texten (>160 Zeichen) wird propagiert. Generell wird erwartet, dass der Versand von persönlichen MMS-Nachrichten den grössten Anteil am MMS-Verkehr ausmachen wird.[24]

Was z. T. bereits möglich ist und sich mit einer grösseren Penetration von MMS-fähigen Mobiltelefonen noch stark verbreiten wird, ist der Versand von multimedialen Postkarten (auch an mehrere Empfänger gleichzeitig möglich), resp. Grusskarten aus den Ferien. Vorstellbar wäre beispielsweise ein kurzer Text als Überschrift und Einleitung, Hintergrundmusik und ein kurzes Videowinken mit der Destinationsumgebung im Hintergrund, was ähnlich einer PowerPoint-Slideshow zu einer kleinen Sequenz zusammengefügt und verschickt werden kann. Betrachtet man die Grösse der weltweiten Grusskarten-Industrie – Verkäufe von 7 Milliarden Grusskarten für rund 7.5 Milliarden USD pro Jahr[25] – so ist zumindest eine Teilverlagerung der Konsumenten Richtung Versand von digitalen Grusskarten relativ wahrscheinlich.

Sobald die Frage der Abrechnung und der Portabilität zwischen den Netzen der verschiedenen Providern Swisscom, Orange und Sunrise geklärt ist, wird auch der Versand von MMS-Mitteilungen zwischen allen Abonnenten möglich sein. Zu einem späteren Zeitpunkt wird zudem das Versenden von polyphonen Klingeltönen, farbigen Logos und Bildern, Games und selbsterstellten oder zugeschickt erhaltenen Videoclips möglich sein. Unter anderem können auch bereits etablierte Anwendungen wie Chat oder Instant Messaging durch die Ergänzung von multimedialen Inhalten (z. B. in der Form von animierten Avataren[26] und Emoticons) angereichert werden.

---

[24] Vgl. auch MobileMMS.com (2002), S. 4.

[25] Vgl. MobileMMS.com (2002), S. 7f.

[26] Avatare können virtuelle Begleiter oder Assistenten (z. B. in der Form von animierten Abbildungen von Personen, Tieren, etc.) zur Beratung, resp. Hilfeleistung sein.

Nach dem heutigen Stand bietet sich beim Versand von persönlichen MMS, die Möglichkeit, den Preis anhand der Datengrösse zu berechnen. Die Tabelle 2 gibt eine Übersicht zu den aktuellen Preisen der drei Mobilfunkanbieter in der Schweiz (Stand 2002-11-13). Aber auch Fixpreise pro MMS (Siehe Orange) oder gar eine monatliche Grundgebühr mit freiem Versand von MMS wären denkbar.[27]

Datenmenge	Swisscom Mobile	Orange	Sunrise
1-10 KB	CHF 0.80	CHF 1.00[1]	CHF 0.00[2]
11-30 KB	CHF 1.20	CHF 1.00[1]	CHF 0.00[2]
31-100 KB	CHF 1.80	-	-

[1]Maximal 30 KB, bis 2003-01-01 für CHF 3.- monatlich unbeschränkter Versand möglich.

[2]Maximal 30 KB, gratis bis 2003-01-15, danach Festlegung der Preise.

Tabelle 2: Übersicht Preise für Versand von MMS.

2.3.2.2 Information Services

Der Bereich Information Services kann einerseits nach der Perspektive von Local Based Services und andererseits nach der Datenmenge der Inhalte betrachtet werden. Denn nicht alle SMS-basierten Information Services bedürfen einer (Daten-)Erweiterung mittels MMS. Information Services umfassen die folgenden Bereiche:

• Nachrichten

Dies umfasst die Übertragung von lokalen, nationalen oder internationalen Nachrichten zu Gesellschaft, Politik, Wirtschaft, Kultur, Sport und Wetter.[28] Nachrichten können in der Form von Eilmeldungen, Schlagzeilen und vollständigen Artikeln entweder text-, sprach- oder auch videobasiert erscheinen. Denkbar wäre z. B. die Übertragung von Highlights von

---

[27] Vgl. MobileMMS.com (2002), S. 4.

[28] Vgl. zum Folgenden auch Europäische Gemeinschaften (2002).

Sportveranstaltungen (etwa Torschüsse bei der Fussball-WM) als farbige Bildabfolge. Damit sind die Ereignisse schon wenige Sekunden später graphisch nachvollziehbar. Mit UMTS wäre dann auch das Video dazu verfügbar.

• **Finanzinformationsdienste**

Darunter fallen z. B. Börsenkurse, Wechselkurse und Empfehlungen von Analysten. Auch diese Informationen können entweder text-, sprach- oder videobasiert dargestellt werden.

• **Transportinformationen**

Dazu gehören Verkehrsinformationen in Form von Staumeldungen (dazu eine Karte mit Umfahrungsmöglichkeiten) oder Meldungen über Strassenzustände, Fahrpläne und Informationen zur Reiseplanung wie z. B. ein Routenplaner mit farbigen Kartenausschnitten oder eine Verspätungsbenachrichtigung eines Fluges.[29] Diese Informationen beziehen sich auf privaten Transport, Personennah- und Personenfernverkehr.

• **Tourismusinformationen**

Interessante Anwendungsgebiete im Tourismusbereich sind z. B. lokal basierte Museums- oder Ausstellungsinformationen. Aber auch Wetter- und Skipistenberichte mit aktuellen, farbigen Bildern (übertragen via MMS-taugliche Überwachungskameras) bieten Nutzen- und Informationsvorteile für Wintersportler.

• **Eventinformationen**

Informationen zu Konzerten, Theater, Restaurants und Kinos (z. B. Filmempfehlungen aufgrund eines vorher eingegebenen Profils) können mit Bildern, Texterläuterungen zu Inhalten des Events oder kurzen Ton-Sequenzen den potentiellen Besucher zusätzlich anlocken.

---

[29] Vgl. SWISS International Air Lines AG (2002).

- **Diverse „Daily Life" Benachrichtigungen**

Damit sind z. B. Benachrichtigungen zu folgenden Anlässen oder Angeboten gemeint: Termine (Coiffeur, Zahnarzt), Fernsehsendungen, ärztlich verschriebene Medikamenteneinnahmen, Schnäppchen, Aktionen, Versteigerungen und Horoskope.

- **Wohnungsangebote**

Wohnungsbesichtigung per Mobiltelefon: Die Firma Sunrise TDC Switzerland bietet in Zusammenarbeit mit dem Immobilien-Portal www.homegate.ch ein Such-Abonnement für Wohnungen und Immobilien an.[30] Der Interessent eines Mietobjekts gibt Online via www.homegate.ch seine Wünsche z. B. bezüglich Lage, Grösse und Preis ein. Falls ein passendes Objekt in der Datenbank auftritt, erhält der Benutzer mobil und schnell per MMS einen genauen Beschrieb des Mietobjekts mit Bildern, Lageplan, Beschreibung des Objekts und Kontakt. Damit erhält der Benutzer bereits vor der Besichtigung einen ersten Eindruck, ob ihn das Objekt anspricht oder nicht.

2.3.2.3 Download von Klingeltönen, Logos und Games

Das Herunterladen von Klingeltönen und Logos entspricht bereits heute einem enormen Bedürnis der Mobiltelefonierer. Deshalb ist davon auszugehen, dass sich dieses Bedürfnis bei einer qualitativen Erweiterung dank MMS weiterhin bestätigt, wenn nicht sogar noch verstärkt. Somit kommt diesem Bereich eine relativ wichtige Bedeutung zu, unter anderem auch was die Ertragssituation angeht.

Der Download von Games (z. B. Java™-basiert[31]) kann einerseits eine Erweiterung von bereits im Mobiltelefon integrierten Spielen sein oder das

---

[30] Vgl. zum Folgenden Sunrise TDC Switzerland (2002).

[31] Java ist eine von Sun Microsystems entwickelte objektorientierte Programmiersprache und zugleich Softwareplattform. Java-basierte Applikationen eignen sich in erster Linie für verteilte Umgebungen wie z. B. Internet. Für den Mobilbereich kommt vor allem Java 2 Micro Edition (J2ME™) zum Einsatz. So können beispielsweise über Wireless Application Protocol (WAP) interaktive Spiele, Terminmanagement-Tools, Reiseanwendungen und Informationstools heruntergeladen werden.

Spielen von komplett neuen Anwendungen. Aus Sicht der Provider sind Online-Spiele höchstwahrscheinlich interessanter als Offline-Spiele. Eine Dreiteilung von Spielarten macht nach heutigen Erkenntnissen Sinn: „Hangman"-Spiele (Spiele zum einfachen Zeitvertrieb), Strategie-Spiele (ausgeklügelte Anwendungen) und Edutainment-Spiele (Spiele mit Bildungscharakter).

2.3.2.4 Unterhaltung für Erwachsene

Der letzte Bereich beinhaltet die Unterhaltung für Erwachsene. Laut W. Fuchs – für mobile Applikationen zuständiger Mitarbeiter der Firma Dolphin Systems AG in Wollerau – besteht eine relativ grosse Nachfrage seitens Content-Anbieter, Applikationen mit erotischen Inhalten gegen Bezahlung anbieten zu können. Dies umfasst in erster Linie den Download von Bildern und animierten Logos, Geschichten und später auch das Herunterladen von kurzen Videosequenzen.

2.2.3 Ausgewähltes Geschäftsmodell für den B2C-Markt

Im Folgenden wird nun eine Auswahl eines möglichen Geschäftsmodells getroffen. Als Kriterien zählen die Nutzungsfrequenz, den daraus realisierbaren Nutzen für den Anwender und die Möglichkeit eines rentablen Ertragsmodells. Diese Auswahl wird unter Anwendung der unter Abschnitt 2.3.1 gemachten Definition von Geschäftsmodellen betrachtet und kurz analysiert.

Aufgrund der drei obgenannten Kriterien fällt die Auswahl neben dem bereits ausführlich erläuterten Bereich des Versands von persönlichen MMS-Mitteilungen und den Information Services auf den Download von Klingeltönen und Logos. Denn dieser Bereich entspricht einerseits wie unter Abschnitt 2.3.2.3 erwähnt, einem enormen Bedürfnis der Mobiltelefonierer und andererseits generiert der Download von Klingeltönen und Logos heutzutage europaweit den grössten Anteil am Umsatz mit Mobile-Content.[32] Auch die Studie Mobinet Index # 4 zeigt den rund doppelt so grossen Anteil

---

[32] Vgl. Europäsiche Gemeinschaften (2002), S. 7.

von Klingeltönen und Logos im Vergleich zum Nachrichtenbereich.[33] Hinzu kommt die Möglichkeit der einfachen Übertragung von Geschäftsmodellen für solche Anwendungen der 2. Mobilfunkgeneration (GSM) auf Multimedia-Dienste der nächsten Generation (2.5. und 3. Generation).[34]

In Bezug auf Abschnitt 2.3.1 besteht die Value Proposition, also der Nutzenvorteil für den Kunden, darin, dass vor allem durch den Download von Klingeltönen und Logos Personalisierungsmöglichkeiten entstehen. Der Benutzer kann das Bedürfnis befriedigen, auf einfache und bequeme Art und Weise sein Endgerät zu personalisieren und damit zu individualisieren. Was das Herunterladen von Klingeltönen betrifft, kann bereits heute auf Basis von SMS zwischen unterschiedlichen Qualitätsstufen gewählt werden. Das heisst der Benutzer kann z. B. bei Orange zwischen normalen und aus den MTV-Charts[35] stammenden Klingeltönen wählen. Letztere sind preislich betrachtet rund drei mal teurer als normale Klingeltöne. Diese Qualitätsdifferenzierung setzt sich bei MMS fort, in dem Sinne, dass dank grösserer Übertragungsraten (z. B. GPRS) und verbesserter Lautsprecher der Endgeräte polyphone Klingeltöne und professionell komponierte Lieder empfangen werden können. Mit der Übertragungskapazität von UMTS wird der Downlaod von Klingeltönen oder auch generell von Musik noch attraktiver. Mit anderen Worten könnte man ein Lied, welches soeben im Radio gespielt wurde, binnen weniger Sekunden im MP3-Format downloaden und entweder als Klingelton einstellen oder dem geräteinternen Speicher hinzufügen.[36] Dank MMS und Farbdisplays der Endgeräte, werden auch die Personalisierungsmöglichkeiten durch den Download von Logos einiges vielseitiger. Damit können farbige und animierte Logos in standardisierten Formaten wie JPEG oder GIF heruntergeladen werden.

Die Architektur der Leistungserstellung, oder anders gesagt, die Wertschöpfungskette enthält die wirtschaftlichen Agenten und ihre Rollen, resp. ihre Beteiligung an der Wertschöpfungskette.

---

[33] Vgl. A.T. Kearney Inc. / University of Cambridge (2002a), S. 17.

[34] Vgl. Sonera Plaza MediaLab (2001), S. 36.

[35] Music Television (Englischer Musikfernsehkanal).

[36] Vgl. Knallgrau New Media Solutions GmbH (2002).

Dazu gehören die aus der Abbildung 5 ersichtlichen Akteure und Stufen der Wertschöpfung.

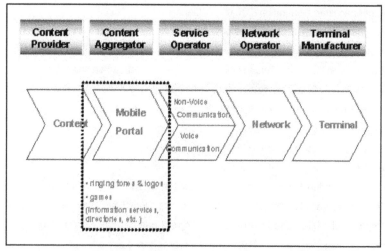

Abbildung 5: Wertschöpfungskette für den Download von Klingeltönen.[37]

Der Content Provider generiert die Inhalte, die vom Mobiltelefonierer heruntergeladen werden können. Dabei stellt das Mobile Portal des Content Aggregators die Schnittstelle zum Benutzer dar. Die gesamte Kommunikation läuft erst über den Service und dann den Network Operator (z. B. Swisscom Mobile, Orange, Sunrise). Aber auch der Terminal Manufacturer (z. B. Nokia, SonyEricsson, Motorola, Siemens, Samsung, etc.) spielt eine entscheidende Rolle in der Wertschöpfungskette.

Als dritte Komponente des Geschäftsmodells nach Stähler zählt das Ertragsmodell.[38] Mögliche Ertragsquellen im Mobil-Bereich sind z. B. Microbilling-Gebühren, die Bestellung eines Klingeltons via 0900-Geschäftsnummer, Werbeeinnahmen aus gesponsertem Mitteilungsversand oder Einkommen aus (Geschäfts-)Transaktionen via Mobiltelefon. Im vorliegenden Ertragsmodell handelt es sich in erster Linie um Microbilling-

---

[37] Vgl. Sonera Plaza MediaLab (2001), S. 29.
[38] Siehe Abschnitt 2.3.1.

Gebühren. Fordert der Mobiltelefon-Benutzer („Mobile Subscriber") z. B. via MMS über ein Mobile Portal oder eine Kurzwahlnummer einen Klingelton oder ein Logo an, so wird ihm der entsprechende Betrag (im vorliegenden Beispiel 0.5 Euro) auf der Mobiltelefon-Abrechnung belastet. Abbildung 6 stellt ein mögliches Ertragsmodell für den Download von Klingeltönen dar.

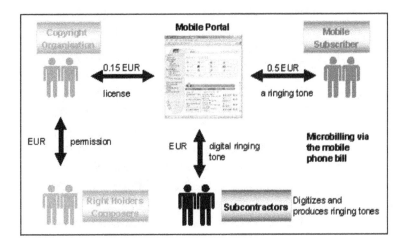

Abbildung 6: Ertragsmodell für den Download von Klingeltönen.[39]

Das Mobile Portal hat in diesem Sinne eine Art Vertriebsfunktion. Für die Vermarktung der (Musik-) Rechte ist die Copyright Organisation zuständig, welche von den Right Holders oder Composers die dazu nötige Erlaubnis erwirbt. Die sog. Subcontractors stellen eigene digitale Klingeltöne her und bieten diese dem Mobile Portal an.

Die Gestaltung der effektiven Preise erweist sich hier im Gegensatz zum persönlichen Versand von MMS als relativ komplex.[40] Das Wertempfinden für die Personalisierung des Mobiltelefons des Benutzers, resp. Konsumenten spielt eine entscheidende Rolle.

---

[39] Vgl. Sonera Plaza MediaLab (2001), S. 28.

[40] Vgl. MobileMMS.com (2002), S. 4.

3 Zusammenfassung und Ausblick

Offenbar sind die Voraussetzungen für eine rasche Verbreitung von MMS-Diensten und Applikationen (noch) nicht optimal. Unter anderem spricht auch Swisscom Mobile AG beim aktuellen MMS-Markt von einem sog. „Early Adopters"-Markt. Deshalb werde die breite und vor allem kommerzielle Einführung von MMS-Diensten und Anwendungen erst im Frühjar 2003 lanciert. In diese Richtung zielt auch die unter Abschnitt 2.3.2.1 gezeigte MMS-Preisgestaltung von Sunrise TDC Switzerland.

Aufgrund dieser Ausführungen und der aktuell relativ schwachen, wenn nicht gar teilweise rezessiven Wirtschaftslage, ist vorerst nicht mit einer Entwicklung von komplett neuen MMS-Diensten und Applikationen zu rechnen.

Was die Zukunft von Klingeltönen und Logos betrifft, sei hier noch auf folgendes hingewiesen: In einem relativ dynamischen Markt wie dem Mobilfunkmarkt, wird es immer wieder neue und attraktive Geschäftsmodelle von Diensten oder Applikationen geben. Zudem liegt die Vermutung nahe, dass sich der aktuelle Markt bezogen auf den Download von Klingeltönen und Logos hin zu qualitativeren Anwendungen (z. B. in der Form von nutzenstiftenden, multimedialen Informationen) entwickeln könnte. Damit würde eine Verlagerung des Downloads von Klingeltönen und Logos zur vermehrten Nutzung von Information Services stattfinden. Zu einem ähnlichen Schluss kommt die im August 2002 veröffentlichte Studie über Mobiltelefonbenutzer von A.T. Kearney Inc. und der Universität Cambridge.[41]

---

[41] Vgl. A.T. Kearney Inc. / University of Cambridge (2002b), S. 31.

Abbildungsverzeichnis

Tabellenverzeichnis

Abkürzungsverzeichnis

3GPP	3rd Generation Partnership Project
B2B	Business to Business
B2C	Business to Consumer
bzw.	beziehungsweise
ca.	circa
EMS	Enhanced Messaging Service
etc.	et cetera
ev.	eventuell
GPRS	General Packet Radio Service
GSM	Global System for Mobile Communication
J2ME™	Java 2 Micro Edition
LBS	Location Based Service
MMS	Multimedia Messaging Service
PDA	Personal Digital Assistant
SMS	Short Message Service
sog.	sogenannt
u.a.	unter anderem
UMTS	Universal Mobile Telephone System
vgl.	vergleiche
WAP	Wireless Application Protocol
z. B.	zum Beispiel
z. T.	zum Teil

Literaturverzeichnis:

[A.T. Kearney Inc. / University of Cambridge 2002a]

A.T. Kearney Inc. / The Judge Institute, Cambridge University's Business School, Mobinet Index # 4, Februar 2002, auf URL http://www.atkearney.com/main.taf?site=1&a=5&b=4&c=1&d=50. (Abruf: 2002-11-10).

[A.T. Kearney Inc. / University of Cambridge 2002b]

A.T. Kearney Inc. / The Judge Institute, Cambridge University's Business School, Mobinet Index # 5, August 2002, auf URL http://www.atkearney.com/main.taf?site=1&a=5&b=4&c=1&d=60. (Abruf: 2002-11-10).

[Buckingham 2001]

Buckingham, S., Success 4 SMS, White Paper, auf URL http://www.mobilesms.com. (Abruf: 2002-08-25).

[Brockhaus 2002]

Brockhaus, auf URL http://www.brockhaus.de. (Abruf: 2002-10-11).

[Collins College Dictionary 1995]

Collins College Dictionary, Bank of English, Glasgow: HarperCollins Publishers 1995.

[Eidgenössische Kommunikationskommission 2001]

Eidgenössische Kommunikationskommission, Jahresbericht 2001, auf URL http://www.fedcomcom.ch/comcom/d/rapports/rapports_home.html. (Abruf: 2002-11-13)

[ETSI Mobile Competence Centre 2002]

ETSI Mobile Competence Centre, Sophia-Antipolis Cedex, About 3GPP, auf URL http://www.3gpp.org/About/about.htm. (Abruf: 2002-11-04).

[Europäische Gemeinschaften 2002]

Europäische Gemeinschaften, Digitaler Content für globale Mobilfunkdienste, Executive Summary, 2002, Luxemburg: Amt für amtliche Veröffentlichungen der europäischen Gemeinschaften, 2002.

[IHA-GfK AG 2002]

IHA-GfK AG, Hergiswil, Handelspanel, August 2002.

[Knallgrau New Media Solutions GmbH 2002]

Knallgrau New Media Solutions GmbH, Wien, MMS am Start – Multimedia am Handy, auf URL http://www.knallgrau.at/mms_am_start.

(Abruf: 2002-07-14).

[Logica Mobile Networks 2000]

Logica Mobile Networks, Why SMS if we have GPRS?, Januar 2000.

[MobileMMS.com 2002]

MobileMMS.com, c/o Mobile Streams Limited, MMS FAQ, auf URL http://www.mobilemms.com/mmsfaq.asp.

(Abruf: 2002-11-10).

[Mobile Streams Ltd. 2001]

Mobile Streams Limited, Next Messaging, An Introduction to SMS, EMS and MMS, White Paper, 2001, auf URL http://www.nextmessaging.com.

(Abruf: 2002-08-25).

[Nokia (Schweiz) AG 2002]

Nokia (Schweiz) AG 2002, Zürich, Perfect Picture, auf URL http://www.nokia.ch/german/phones/3650/index.html.

(Abruf: 2002-10-18).

[Prognos AG 2002]

Prognos AG 2002, Basel, Medien- und Kommunikationsmärkte der Zukunft, auf URL http://www.prognos.com/cgi-bin/cms/start/news/show/press/1036144561.

(Abruf: 2002-11-18).

[Sonera Plaza MediaLab 2001]

Sonera Plaza MediaLab, Developing Mobile Multimedia Services To Enable Streaming To Wireless Devices, IIR's Third Media Streaming Conference Amsterdam, The Netherlands, March 2001, auf URL http://www.medialab.sonera.fi/workspace/ Wireless_Multimedia.pdf. (Abruf: 2002-11-18).

[Stähler 2001]

Stähler, P., Geschäftsmodelle in der digitalen Ökonomie: Merkmale, Strategien und Auswirkungen, Köln-Lohmar: Josef Eul Verlag 2001.

[Sunrise TDC Switzerland AG 2002]

Sunrise TDC Switzerland, Zürich, Immo-Alarming: Wohnungen besichtigen per Handy, auf URL http://mobile.sunrise.ch/mms/mms_inf.htm. (Abruf: 2002-11-18).

[SWISS International Air Lines AG 2002]

SWISS International Air Lines AG 2002, Basel, auf URL http://www.swiss.com/index/id-ad-sms-message.htm. (Abruf: 2002-10-15)

[Teltarif.de Onlineverlag GmbH 2002]

Teltarif.de Onlineverlag GmbH, Berlin, MMS-Dienste und Anwendungen, auf URL http://www.teltarif.de/i/mms-inhalt.html. (Abruf: 2002-10-23).

[Timmers 1998]

Timmers, P., Business Models for Electronic Markets, Electronic Markets – International Journal of Electronic Commerce & Business Media, Vol. 8, Nr.2, 1998, S. 3 – 8.

Selbständigkeitserklärung

„Ich erkläre hiermit, dass ich diese Arbeit selbständig verfasst und keine andern als die angegebenen Quellen benutzt habe. Alle Stellen, die wörtlich oder sinngemäss aus Quellen entnommen wurden, habe ich als solche kenntlich gemacht. Mir ist bekannt, dass andernfalls der Senat gemäss Gesetz über die Universität zum Entzug des aufgrund dieser Arbeit verliehenen Titels berechtigt ist."

Florian Lüchinger